Y

LA

MUSE CHRÉTIENNE

PAR

M. L'ABBÉ AMÉDÉE GRUET.

—⚹—

AMIENS

IMPRIMERIE ALFRED CARON FILS

42, RUE DE BEAUVAIS, 42

—

1867

LA
MUSE CHRÉTIENNE.

LA

MUSE CHRÉTIENNE

PAR

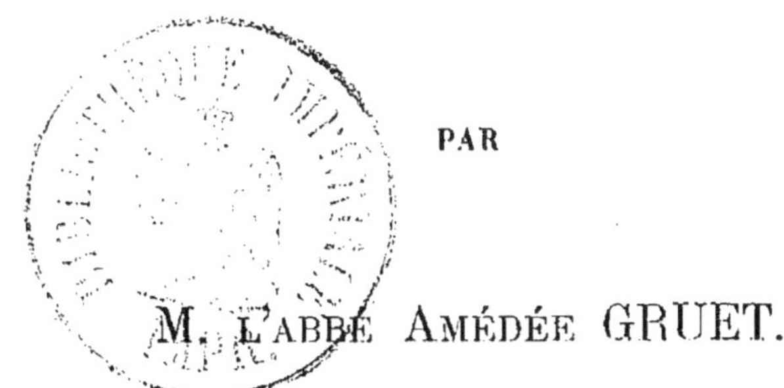

M. L'ABBÉ AMÉDÉE GRUET.

AMIENS

IMPRIMERIE ALFRED CARON FILS

42, RUE DE BEAUVAIS, 42

—

1867

PRÉFACE DE L'AUTEUR.

Ai-je composé ces poésies par la vanité de parler ou de faire parler de moi? pas le moins du monde. D'ailleurs les hommes, sinon les plus heureux, du moins les plus tranquilles, sont ceux dont on ne s'occupe pas ou qui ne fournissent point matière à s'occuper d'eux.

J'ai seulement voulu prouver mon affection pour les morts qui reposent tant et si bien des vivants; mon respect profond pour le Devoir dans un siècle oùl'on ne parle que du Droit; mon dédain pour cette tourbe de déraisonneurs, qui usurpent et profanent le sceptre si beau de la Philosophie; mon amour pour l'Auteur de la vie, Notre-Seigneur Jésus-Christ, mort pour nous le Vendredi-Saint et ressuscité le jour de Pâques;

enfin ma vive admiration pour la Nature dont le Père est Dieu, et qui est le Livre le plus instructif ouvert à l'homme après l'Évangile. Je n'ai pas ambitionné autre chose.

Puissent ceux qui me liront en venir là aussi, et reconnaître qu'en dehors de la Raison éclairée par la Foi, de la Nature expliquée par la toute-puissance du Créateur, de la Religion reposant sur l'Évangile et appuyée sur l'Église, la Raison est une folle, la Nature un abîme, la Religion une source d'interminables disputes et les Vivants des Morts !

Enfin je termine par la Croix, mon drapeau et mon lot aussi bien que le lot de tout homme ennemi de l'illusion, parce qu'il n'y a qu'elle de solidement assise au milieu de ses ennemis qui chancellent et tombent, et qu'elle d'immuable au milieu du tourbillon des pauvres affaires humaines. *Stat crux dum volvitur orbis* !

A. GRUET.

Prêtre.

ÉPITAPHE DE MA SŒUR.

Elle avait ce qu'il faut pour tisser d'or ma vie :
Un cœur pieux, aimant; et ce cœur ne bat plus !
Pourquoi, mon Dieu, pourquoi ma sœur sitôt ravie ?
Hommage, gloire à toi ! pour parmi tes élus,
Ranger comme un joyau ma fidèle colombe,
Assurer ses printemps, couronner ses vertus.
Sans murmurer, Seigneur, je pleure sur sa tombe ;
Il faut aux yeux des pleurs, autrement l'on succombe,
Et l'homme s'use seul en regrets superflus.

LES MORTS

ÉLÉGIE:

*Pièce qui a remporté le prix au grand concours poétique
de Montreuil-sur-Mer, en août 1866.*

—

Transierunt.

Ils ont passé les Morts ! passé sur cette terre
Où tout n'est que danger, que fraude et que misére.
Les plaisirs, un instant, ont séduit leurs regards ;
Les plaisirs fugitifs et creux comme des ombres,
Engendrant, dans les cœurs, chagrins cuisants et sombres,
    Le lendemain aux vents épars.

Ils ont passé les Morts ! passé comme un navire
Qui, lancé sur les flots, les fend et les déchire,
Et s'en va pour toujours dans un port inconnu.
Matelots, passagers, sur la foi d'une étoile,
Chantent le vent heureux qui souffle dans la voile :
    Et, c'est fait, tout a disparu.

Ils ont passé les Morts ! passé comme des songes,
Comme le tourbillon de nos lâches mensonges.
Ils croyaient ici-bas tomber sur le bonheur !
Faut-il, bonheur, faut-il que ma bouche te nomme ?
Tu te moques de nous et tu leurres bien l'homme
    Qui naît, vit, meurt dans la douleur.

Ils ont passé les Morts ! passé comme les roses
Que des pieds dédaigneux foulent à peine écloses.
Ils avaient beau crier au pressé messager :
« Laisse venir le soir ! quelques heures encore !
» Quelques brillants soleils après la blanche aurore !
    » Quelques jours pour boire et manger ! »

Ils ont passé les Morts ! L'Arabe dans la plaine,
Couché sur son coursier frémissant, hors d'haleine,
Fuit moins rapidement que le vent de la mort :
Il bouleverse tout sur son fougueux passage,
Et les rois adulés, et le pâtre sauvage,
    Et l'enfant au berceau qui dort.

Ils ont passé les Morts ! l'âme triste soupire :
Au loin, auprès de nous, tout dort ou tout expire ;
Le nombre des soleils et le cycle des nuits
S'engouffrent sans retour dans la béante tombe ;
Les pleurs coulent à flots au sein de l'hécatombe,
    Au sein des palais, des réduits.

Ils ont passé les Morts ! Qu'est-ce donc que la vie ?
Pleurs au commencement, douleur à la sortie,
Au milieu du pain noir chèrement acheté ;
Des plaisirs inventés par l'ennui, la coutume,
Souvent salés de fiel et trempés d'amertume,
      Un triste hiver, un bref été.

Ils ont passé les Morts ! c'était un jour de larmes,
De sanglots solennels, de soupirs et d'alarmes,
Que celui qui jeta leurs cadavres aux vers !
La scène dura peu ; souvent suffit une heure
Pour voir le deuil, les ris, dans la même demeure,
      Tant, hélas ! nous sommes divers !

Ils ont passé les Morts ! et les vivants de rire,
De gaîment s'amuser, de traiter de délire
Ou de regrets payés tous ces gémissements.
Et, le temps, en effet, sans aucune malice,
Aux aveugles prouvait l'hypocrite artifice
      Des deux tiers au moins des dolents.

Ils ont passé les Morts ! on dissèque leur vie !
La haine les poursuit, sur eux s'abat l'envie ;
C'est à qui frappera le lion qui n'est plus.
Le carlin vient aussi lui faire sa morsure ;
L'adulateur d'hier entre les dents murmure
      Et nomme vices ses vertus.

1.

Ils ont passé les Morts ! passé de tout royaume ;
Ils sortaient des palais, venaient des toits de chaume.
Quel immense convoi ! que de sombres coursiers !
Que de pauvres cercueils ! que de riches folies !
Pour les biens des défunts que d'ardentes envies
    Chez leurs cupides héritiers !

Ils ont passé les Morts ! Dieu ! quelle longue chaine !
Du monde elle ferait vingt fois le tour sans peine.
Victimes et bourreaux, vaincus et conquérants,
Pervers et vertueux, le crime et l'innocence,
Iraient, d'un même pas, les uns à la vengeance,
    Les autres, aux cieux, triomphants.

Ils ont passé les Morts ! De tout rang, de tout âge ;
Les jeunes près des vieux, l'insensé près du sage ;
Lazare avec son chien, Crésus et l'artisan,
Et Joas côtoyant Athalie homicide,
Et l'innocent Joseph, et Judas déicide,
    Tombaient dans l'abime béant.

Ils ont passé les Morts ! passé comme tout passe,
Comme l'été s'en va, comme s'en va la glace :
Mais ils nous ont laissé l'empreinte de leurs pas.
Dans le sillon des champs leur main semait la poudre,
Sous l'arbre des forêts ils redoutaient la foudre:
    Leur voix retentissait là-bas.

Ils ont passé les Morts ! ils pouvaient beaucoup faire,
Héberger l'orphelin, lui tenir lieu de père ;
Réparer du Très-Haut les désolés parvis ;
Avec quelques deniers, que le cœur abandonne,
Racheter leurs péchés et répandre l'aumône
    Dans le sein des pauvres ravis.

Ils ont passé les Morts ! Les uns comme un nuage
Qui recèle en ses flancs la grêle et le ravage,
Et réduit à néant nos toits et nos moissons.
Ainsi, fléaux de Dieu, quand vous frappez la terre,
Vos pas laissent partout des traces de colère,
    Qui font l'effroi des nations.

Ils ont passé les Morts ! d'autres comme un murmure,
Douce voix d'un ruisseau coulant sous la verdure
Qu'il féconde en secret de son riche limon.
Ainsi, l'homme de bien, sans éclat dans sa course,
Partage son pain blanc et l'onde de sa source
    Avec les pauvres du vallon.

Ils ont passé les Morts ! Où donc est le Superbe ?
Quelque part, dans un coin, son corps engraisse l'herbe,
Accablé sous le poids d'un banal monument.
Hier, il dédaignait de saluer ses frères ;
Et, maintenant, voyez, il a soif des prières
    De l'étranger et du manant.

Ils ont passé les Morts ! Ah ! l'humble et simple vie
Sait exciter les pleurs dans mon âme attendrie !
Je la laisse flotter au gré des souvenirs,
Au souffle des vertus, victoires sur soi-même ;
Et je dis en passant : — Quel divin diadème
  Pour prix de célestes désirs ! —

Ils ont passé les Morts ! Ici priait ma mère !
Aux murs sont délaissés les outils de mon père !
Près de ses blonds essaims il goûtait le repos !
Ma sœur le caressait de sa main délicate !
Des cheveux de ma sœur je conserve une natte !
  Le reste pourrit au tombeau !

Ils ont passé les Morts ! Il dort aussi sous terre
Celui que j'appelais du si doux nom de frère !
Ah ! je le vois encor dans ses deux chérubins,
Etonnés des saints noms qu'ici-bas on prononce,
Lorsque tout autour d'eux cruellement annonce
  Qu'ils sont pour toujours orphelins !

Ils ont passé les Morts ! Combien froide est la brume !
Quel vent dans les cyprès ! Sur les flots que d'écume !
Que d'ossemens épars au champ des trépassés !
A quoi servent, vivants, ces lauriers sur vos têtes ?
Ces coupes dans vos mains, ces fastueuses fêtes,
  Ces pieds à courir si pressés ?

Ils ont passé les morts ! A quoi sert la richesse ?
A repaître les vers d'une plus fade graisse ;
A nous creuser plus vite un tombeau plus profond ;
A laisser après nous des traces d'injustice ;
A nous faire accuser de vol ,ou d'avarice
     Au jour du suprème abandon.

Ils ont passé les Morts ! Gardez votre bagage ;
Je ne veux point charger mon fragile équipage
De tous ces biens d'un jour, vainement amassés ;
Car là-bas n'a point cours l'argent des vils esclaves ;
Les plus brillants trésors, réputés nos entraves,
     Sont sévèrement repoussés.

Ils ont passé les Morts ! passé malgré leurs comptes.
Profitons du moment, évitons leurs mécomptes.
Nous n'emporterons point nos étangs, nos jardins.
Sous le joug de la loi ne pas courber son âme,
C'est marcher en onagre, alimenter la flamme
     Au foyer d'éternels chagrins.

Ils ont passé les Morts ! Ici point réforme :
Brûlons du menu bois ou brûlons du franc orme,
Sur nous tous passera le terrible rouleau.
Plus d'une fois j'ai vu l'homme de l'incroyance,
Porté par des railleurs, devenir la pitance
     Des vers affamés du tombeau.

Ils ont passé les Morts ! Mais sa philosophie ?
En rentrant on disait : — Attrapé qui s'y fie !
Ses systèmes l'ont-ils empêché de mourir ?
Longtemps il se fourra des chimères en tête ;
De grâce laissez-moi ma céleste recette
    Pour ne point comme lui finir.—

Ils ont passé les Morts ! voyez-vous leur grand Juge ?
Mortels, assurez-vous pour son jour un refuge
Dans la vivante foi, dans de chrétiennes mœurs.
Vite, détachez-vous du monde misérable :
Ses plaisirs sont du feu, sa fortune du sable,
    Et ses partisans des trompeurs.

Ils ont passé les Morts ! Dieu serait moquerie
Si la mort n'était là pour étrangler la vie
Des tourbes d'insolents qui blasphèment son nom.
O Mort ! Spectre divin ! Lorsque tu frappes l'homme,
En se reconnaissant c'est pour que mieux il nomme
    Son créateur, Dieu du pardon.

Ils ont passé les Morts ! Sans la mort sur la terre,
On verrait la vertu, toujours sans son salaire,
En but aux traits lancés par la main des pervers ;
Et, toujours condamnés à vivre dans ce monde,
On nous verrait, mêlés dans son cloaque immonde,
    En un vil holocauste offerts.

Ils ont passé les Morts ! Laissez mon deuil tranquille ;
Comme moi vous marchez sur des tertres d'argile.
Oui, mes pleurs sont vos pleurs, mes regrets vos regrets.
Plantez et bâtissez, vivez dans l'opulence ;
Gardez bien tout pour vous et rien pour l'indigence:
  Les morts, nous les suivrons de près !

Ils ont passé les Morts ! Mais passé pour renaître,
Pour encor nous aimer et pour nous reconnaître
Lorsque le Christ viendra, du ciel en Josaphat,
Demander à chacun ce qu'il fit de ses heures
Qui devaient l'élever aux divines demeures
  Du perpétuel hosanna.

Ils ont passé les Morts ! Je veux graver d'avance
Au front de mon tombeau la céleste espérance.
Passager d'un jour, soit! je crois à l'avenir.
La mort n'est pas un mal, ce n'est pas un naufrage ;
Pour le frère du Christ c'est tourner une page,
  C'est vivre pour ne plus mourir !

ÉPITRE

SUR LE SENTIMENT DU DEVOIR.

—

A M. Jules SIMON, Député, auteur d'un livre
sur le Devoir.

—

> Manet altà mente repostum.
> Virgile.

Illustre et docte Simon,

Sitôt que la Raison fait son éveil en l'homme,
Qu'il soit né dans la Mecque ou qu'il habite Rome,
Un sentiment profond à l'instant le poursuit,
S'empare de son cœur qu'il subjugue et séduit ;
Et, n'importe qu'il soit humble sujet ou maître,
Il faut que le Devoir, sainte loi de son être,
Arrive de tous points et lui dise en secret
Qu'il doit pour l'acquitter se tenir toujours prêt.

De sa vie il sera, quoique fasse son âme,
Le tissu douloureux ou la divine trame ;
Et quiconque ne veut s'avouer serviteur,
N'a pas droit de compter sur un jour de bonheur.
Du titre de vassal toujours la conscience
Fera de plus en plus ressortir l'importance :
La raison, grandissant, verra dans l'univers
Chacun des êtres pris dans desliens divers,
Tous sans cesse obéir, depuis l'aigle superbe,
Jusqu'à l'obscur ciron que nous foulons sous l'herbe :
Le Soleil enchaîné dans d'invincibles lois,
L'homme, de sa chaleur, né pour porter le poids.
Alors, s'il ne veut pas vivre dans la torture,
Il accepte le joug forgé par la nature,
Heureux et satisfait d'avoir dans ce concert
Une place au labeur à tout mortel offert.
Honte ! malheur trois fois, si son âme recule !
S'il se laisse affaisser comme jadis Hercule !
S'il s'endort lorsqu'il doit avancer à grands pas :
Il trahit le Devoir, c'est un lâche ici-bas !
Par là même, manquant à son destin sublime,
Sous ses pieds paresseux il se creuse un abime,
Ne rencontre bientôt ici ni feu ni lieu,
Et, lorsqu'il meurt, n'est plus qu'un vil rebut de Dieu.
Donc, illustre Simon, par la force des choses,
Tous les êtres, oui, tous, et l'hysope et les roses,
Et les rochers rongés par la lime des ans,

Sont rivés au Devoir, si bien morts que vivants :
Et mourir à sa tâche, ô volupté suprème,
C'est mieux pour Régulus qu'un royal diadème !
En deux mots, le Devoir, au soir comme au matin,
Saisit l'homme au berceau, le suit en tout chemin.
   Le Devoir hait l'abstrait. Que l'homme donc s'efforce,
Afin de l'accomplir, d'environner de force
Son cœur que Dieu créa pour toujours pratiquer
La vérité, l'amour, et se les appliquer.
Amis de la vertu, réprobateurs du vice,
Prêts sans cesse à gravir l'autel du sacrifice,
Alors nous grandissons dans de divins accords
Et chassons loin de nous la honte et le remords.
Pour ainsi se lancer dans cette humaine lutte,
Il faut des décidés qu'aucun choc ne rebute ;
Les praticiens munis de ces provisions
Qu'on rencontre souvent ailleurs qu'en des leçons ;
Des esclaves formés sous la chaste influence
D'un amour surhumain et de la conscience.
Le Vrai, le Beau, le Bon, puissants excitateurs,
En nous furent gravés comme révélateurs,
Que la vocation de tous est de bien faire,
Que pour le seconder, Dieu nous mit sur la terre.
Le Devoir, reposant sur l'immortalité,
De là nous apparaît rayonnant de clarté,
Et n'a plus pour appâts de courtes récompenses
Qui causent aux grands cœurs d'indicibles souffrances.

Aussi, s'il en était à la fin autrement,
Dieu nous aurait dotés d'un fatal sentiment.
On invoque l'honneur : il fuit comme le sable !
Ici comblé de gloire et là-bas détestable !
Comment m'en rapporter à la postérité
Et m'assurer un coin dans son éternité,
Lorsque tant de grands noms absents de ma mémoire,
Sont à peine en passant signalés dans l'histoire ?
Mais qui donc parmi nous parle de Banergès,
Ou qui maudit encor le féroce Vergès ?
Qui sait que le premier était fils du tonnerre
Et qu'un jour le second passa de loin Santerre ?
Voyons-nous nos vainqueurs nouveaux Cincinnatus ?
Bismark au moins singer de loin Fabricius ?
Autrefois ces héros nous charmaient à l'école,
Avec eux l'Artilleur au front du pont d'Arcole...
Parmi les mortels, peu s'occupent de César ;
Peu de Napoléon franchissant le Cédar.
Laissez-moi les quitter pour admirer la mère
Qui chérit plus son fils que tout l'or de la terre ;
La fille dans les fers et l'auteur de ses jours
Qui puise dans son lait aliment et secours !
Mais, me dira quelqu'un, « le vivant témoignage
» Du Devoir accompli, voilà le prix du Sage. »
Je réponds : « Du Devoir accompli jusqu'au bout,
» Dieu seul s'est réservé d'en acquitter le coût. »
C'est pour cette raison qu'il a mis dans notre âme,

Pour voler au devant, une céleste flamme ;
Et c'est là ce qui fait qu'aux jours de grands malheurs,
On voit de toutes parts surgir de nobles cœurs ;
Et ce qui fait aussi qne la besogne rude
Trouve toujours des bras malgré l'ingratitude.

Les devoirs, vous savez, certes sont bien nombreux ;
Faciles, pas toujours ; souvent mystérieux.
A briser nos efforts s'acharne la satire ;
Contre tout bien réel on s'émeut, on conspire :
La vertu, le courage, exposés aux froideurs,
Marchent encor suivis de cyniques railleurs.
Comment Colomb s'est-il soustrait aux défaillances,
A la peur de la mort, des périls, des souffrances ?
Le Devoir l'entraînait. Le Devoir triomphant
L'emporta sur l'esquif par delà l'Océan !
On a vu des forbans, marqués au coin du crime,
Guidés par cet instinct généreux, magnanime,
Sans du tout s'aviser, ravir des malheureux
Aux coups que leurs pareils avaient montés contre eux ;
Et, des pauvres sans pain, sans abri sur la terre,
Mûs par la charité, partager leur misère
Avec des orphelins lâchement délaissés
Par d'iniques tuteurs de leurs biens engraissés.
Ah ! du Devoir sacré que la touche est profonde !
Rien d'achevé sans lui ne se fait dans le monde.

Mais voyons où conduit cet inné sentiment
Quand Dieu devient l'objet de notre dévoûment.

La foi, le dilatant, le met hors de lui-même,
Et le porte vainqueur jusqu'à l'Être Suprême.
Il redescend, touché du sceptre de l'amour,
Pour n'agir qu'en apôtre au terrestre séjour.
C'est Paul, sublime fou, qui prêche, qui s'écrie :
« Mortels de tous les cieux, à vous mon sang, ma vie ! »
Et l'on voit des chrétiens, affrontant tous les maux,
Lasser, user sur eux la fureur des bourreaux.
Le Devoir ! qu'il est beau lorsqu'on veut le corrompre !
Quelle tenacité que rien, rien ne peut rompre,
Chez ce preux d'Israël, intrépide vieillard,
Que nous saluons tous du nom d'Eléazar !
« Mon Dieu, près de cent ans j'ai lutté pour ta gloire !
» Et je profanerais mes combats, ma mémoire !
» L'homme qui marche seul, oh ! bientôt n'en peut plus !
» Mais avec toi, Seigneur, qu'est-ce qu'Antiochus ? »
La Religion donc, agent puissant du zèle,
Au Devoir en tout temps sait me rendre fidèle.
Conséquemment fuyons, évitons ces docteurs
Qui vont jetant partout de sinistres lueurs.
Avec le Génevois dénonçons tous ces hommes,
Solidaires repus, sur la terre où nous sommes,
Qui sèment dans les cœurs un verbe désolant
Et n'ont pour animer souvent que le néant.
De consolations, nous savons qu'ils sont chiches ;
Ils foulent l'indigent, brisent le frein des riches :
Monuments de leurs torts, nous voyons leurs travaux

Escortés coup sur coup d'un déluge de maux.
Dans la Religion sachons puiser la sève
Qui dilate le cœur, l'anoblit et l'élève ;
Et n'oublions jamais qu'avec elle vouloir,
C'est infailliblement presqu'en tout cas pouvoir.
Acceptons le réel, bannissons les chimères ;
Faisons avant d'agir la part des caractères.
Voulons-nous nous former sur un type parfait,
Développer l'instinct du Devoir clair et net ?
N'arrêtons pas les yeux sur l'esclave ou le maître,
Mais ayons devant nous l'homme tel qui doit être.
Vous aimez l'homme fort, sans faste triomphant,
Grand dans l'adversité, généreux, patient,
A propager le bien brûlant d'un divin zèle :
Contemplez Jésus-Christ, voilà le vrai modèle *!*
Des faibles, des petits, je hais l'oppression ;
Je m'indigne devant la basse acception :
La chose, je le sais, cependant n'est pas neuve ;
Mais j'ai pour la flétrir le Publicain, la Veuve.
Les excès me font peine et désolent mon cœur ;
Je ne vois après eux que honte et que malheur :
Le divin Sauveteur leur oppose une digue
Dans l'enfant dégradé qu'on nomme le Prodigue.
Et, vous, vous détestez les adroits Pharisiens,
Laissant les lourds fardeaux pour soulever des riens,
Les sépulcres blanchis et leurs cérémonies,
Singes du vrai Devoir, enflés d'hypocrisies ?

Jésus, le clairvoyant, d'un mot les flagella
Ainsi que leurs pareils autre part qu'en Juda !
　　L'Evangile en un mot, est le céleste moule,
Ouvert à tout mortel qui veut que dehors coule
Ce qui, ralentissant son essor généreux,
L'empêche de voler aux cris des malheureux.
Et partout, en effet, où ce Livre se nomme,
L'ardeur pour le Devoir ressuscite avec l'homme.
　　Le sauvage, chassé du flanc de ses rochers,
Se retourne en fuyant vers ces lieux toujours chers,
Et ne veut point laisser dans le tronc de ses hêtres,
A jamais oubliés les os de ses ancêtres.
Regardez les Hurons, au fond de leurs forêts,
A s'entre-dévorer à chaque moment prêts :
Ils semblent néanmoins pressentir le grand Être ;
Leur soif de sang s'apaise au seul aspect d'un prêtre ;
Leur âme s'assouplit au contact de la Croix ;
Leur cœur a deviné qui pendit à ce bois !
Je n'en demande pas, pour l'heure davantage.
Les mœurs de ces Hurons, cet instinct du sauvage,
Me font moins admirer dans son exil Solon,
Dans son intégrité le chaste Scipion ;
Et je comprends alors, sous un antique chêne,
Pourquoi saint Louis rend la justice à Vincenne ;
Pourquoi la mort n'est rien pour un Thomas-Morus ;
Enfin, pourquoi ce fait, sublime on ne peut plus :
Amiens lorsqu'il gisait presque dans l'agonie,

Visité, consolé par l'auguste Eugénie !
Le plus divin flatteur, voulez-vous le savoir ?
C'est celui qui dit bas : « Ils ont fait leur devoir ! »
Envers le juste ainsi Dieu toujours se comporte
Et n'a pour le louer qu'un mot bref de la sorte.
Mais le juste, content, a bientôt deviné
Quel temoignage c'est que ce divin « Benè ! »
On parle du Progrès, sur lui chacun raisonne
Le Devoir fait, voilà ce qui perfectionne.
Ne le voyons-nous pas, lorsqu'il tombe de haut,
Soudain nous réveiller, nous saisir en sursaut,
Pour généreusement nous lancer sur ses traces
Ou nous faire éclater en actions de grâces.
Point de raisonnement; mais des cœurs captivés,
Des acclamations, des peuples soulevés,
Et, que sais-je ? des fleurs pour les apothéoses
Et des larmes d'amour dans les bouquets de roses !
Manifester ainsi ce qu'au fond l'on ressent,
N'est-ce pas en désir en faire presque autant,
Et proclamer que l'homme au beau n'est si sensible
Que parce qu'il le croit praticable, accessible,
Et qu'il peut, cœur aidant, l'exemple devant lui,
Lâche hier, devenir un héros aujourd'hui.
C'est là le grand défaut : confondre le facile,
L'embrouiller à dessein avec le difficile;
Un autre, non moins grand, de tout trop disserter,
Et de ne pas, en homme, à temps s'exécuter.

L'action, vous savez, enfante le prodige :
C'est elle qui contient dans son bassin l'Adige,
Qui comprime les flots qui tentent de sortir.
Pour partout ravager ou partout engloutir ;
Qui s'élance sans peur sur l'agile nacelle,
Et sauve l'inondé qui périssait sans elle.
Entendez-vous gémir sous terre des mineurs ?
Aussitôt des soldats, devenus sauveteurs,
Courent sans calculer, dégagent les victimes
Qu'étouffaient sous le tuf les effondrés abîmes.
Et pourtant, ces soldats, conduits par le dieu Mars,
Aux champs de Marengo, parmi tous les hasards,
Semblant pour leurs pareils ne plus porter d'entraille,
S'unissent aux canons, leur lancent la mitraille,
Et, comme pris de vin de féroces transports,
Versent à flots le sang, jonchent les champs de morts.
D'où vient ce changement ? d'où cette différence ?
Ils ont fait leur devoir, procuré délivrance
Aux mineurs que pleuraient leurs chers petits enfants,
Aux Français menacés d'ennemis insolents.
Car l'amour du Devoir, le sentiment, n'importe,
Chez ceux qui l'ont au cœur, se conduit de la sorte ;
Et le Français, qu'on sait si généreux, si bon,
Croit de son vrai devoir de se battre en lion.
Le Devoir enfanta l'illustre Lacordaire
Et son oubli profond l'infâme Lacenaire.
Or l'un, du beau, du vrai, fut presque l'idéal,

Et l'autre s'engouffra dans les horreurs du mal.
L'un personnifia la vertu la plus pure ;
L'autre tous les forfaits qu'exècre la nature.
Il lui manqua sans doute un être suppliant,
La mère qui sauva Rome et Coriolan.
Eh ! qui n'aime Alexandre aux leçons d'Aristote ?
Alexandre-le-Grand, purgé de toute faute,
Ce n'est pas le vainqueur du fameux Darius,
Ni le héros volant au-delà de l'Indus,
Mais celui qui, mettant de côté son empire,
Console le vieillard qui grelotte et soupire.
    Maintenant à chacun de savoir exploiter
Cet ineffable instinct et de l'alimenter :
D'être toujours armé quand le Devoir l'appelle,
D'avoir à son service une ardente étincelle,
Si je le comprends bien, c'est admirablement
S'acquitter ici-bas et mourir triomphant.
Car, ne nous trompons point, nous pouvons beaucoup faire
Sans rétribution, ni le moindre salaire :
Héberger l'indigent, secourir l'orphelin,
Respecter le malheur, l'aveugle en son chemin,
Rendre nos jours féconds, passer comme un murmure,
Douce voix d'un ruisseau coulant sous la verdure
Qu'il engraisse en secret de son riche limon
Et demeure toujours la gloire du vallon.
Ainsi, l'homme de bien, sans éclat dans sa course,
Partage son pain blanc et l'onde de sa source

Avec les malheureux altérés, sans secours,
Et ces infortunés sont l'honneur de ses jours.
Que lui fait de courir après la renommée ?
Quand elle est dans sa vie aussi bien consommée !
Pas besoin n'est d'avoir sur nous tournés les yeux,
Ou de tenter au loin un trépas glorieux.
Nous portons en nos cœurs plus d'un immortel gage,
Que, le cas échéant, la force et le courage,
Soudain nous retirant d'un languissant repos.
Peuvent partout de nous faire autant de héros.
Attaquons, pour cela, le vrai fond de nous-mêmes :
Que de riches trésors, émaux pour diadèmes,
Viendront, soyez-en sûrs, étonner nos regards
Et du Devoir sacré flotter en étendards !

Malgré l'ardent désir de traverser le Phase,
De pénétrer, vainqueur, jusqu'au pied du Caucase,
Un prudent général avec soi doit compter
Et ne pas sans raison tout d'un coup s'emporter.
La volonté restant, sublime est la défaite,
Puisqu'à se revancher elle tressaille prête.
On peut sans le vouloir quelquefois succomber :
Ce n'est pas d'aujourd'hui qu'on voit un preux tomber,
Souvent, sous les efforts de la perfide envie
Ou dans les rets que tend l'ignoble calomnie.
Alors ne laissons pas mourir le feu divin ;
Sachons nous relever calmes et sans dédain,
Prouvant, par cet élan, qu'une âme infatigable

Trouve à se retremper sous le faix qui l'accable.
Oh ! Marius a tort, dans le fort de ses maux,
De dire à son pays : « Tu n'auras point mes os ! »
Comme il aurait grandi dans l'instant de sa vie,
Où, dépouillé de tout, tourné vers sa patrie,
Il eût gravé ces mots : « L'exilé Marius
» Est mort comme il devait, enfant de Romulus !
» Etranger, prends ses os ; qu'ils apaisent Bellone
» Et disent aux Romains que Marius pardonne ! »
J'aime Napoléon dans ses jours de malheur.
Bien loin de s'affaisser il surpasse en valeur
Le héros transporté sur l'aile de la foudre,
Qui battait l'ennemi, le réduisait en poudre,
Et rentrait parmi nous, invincible guerrier.
Enchaîné, vous savez, sur un roc meurtrier,
Abandonné de ceux qu'il croyait ses apôtres,
Hochet tantôt des uns et tantôt dieu des autres.
Voici ce qu'il dicta sur son brûlant Thabor :
« O Français que j'aimai, que je chéris encor,
» Je vous lègue mes os ! puisse, de Sainte-Hélène,
» Le vent les emporter aux rives de la Seine,
» Sous le dôme sacré que mes vieux grenadiers
» Ont plus de mille fois orné de mes lauriers. »
Quel royal testament ! oubliant sa disgrâce,
Au feu du cœur français l'Empereur prend sa place.
Sans doute il n'avait plus son sceptre et ses soldats
Pour se faire obéir à l'heure du trépas.

Il avait plus : un cœur palpitant pour la France !
Il repose en son sein, c'est une récompense ;
Mais l'éternelle, c'est, sous le regard de Dieu,
D'avoir fait son devoir en cet affreux milieu !

LES SOPHISTES

SATIRE

A mon pieux et docte ami, M. l'Abbé PRUVOST,
aumônier des Orphelines, à Camon.

—

> Je l'ai juré, je veux vieillir en les sifflant.
> GILBERT.

A commencer par Dieu, le Sophiste chancelle
Et ne peut s'expliquer la Sagesse éternelle.
Les opinions vont heurtant l'humaine foi,
Et chacun d'abonder, au hasard et sans loi,
Dans son sens réprouvé par la raison commune
Qu'un tel dévergondage à tout coup importune
Vous admirez, je crois, le lumineux Platon.
Il a trouvé son Dieu : c'est le cercle, il est rond.
Le parfait est pour vous la figure conique ;
Pour moi c'est le carré, la forme cylindrique.

Philosophes, marchons sur ces illustres pas
Et forgeons-nous des dieux à grands coups de compas.
Et, sans plus d'examen, avec Platon pour guide,
Adorons le cerceau ou bien la pyramide.
Thalès rencontre Dieu courbé sur un pétrin,
Haletant, essoufflé, pour former de sa main
Le premier élément, nommé machine ronde,
Ou, si vous aimez mieux, le vaste pain du monde.
Vous m'entendez crier à ce docte mortel,
Qu'il se trompe, que Dieu n'a rien de corporel :
Il n'en fera pas moins un fangeux amalgame
Où dans la boue et l'onde il mêlera son âme.
Anaximandre aux dieux fait un bien autre sort :
Il les assujettit comme l'homme à la mort.
Vous dites : — un instant, pour Dieu point de naissance,
En lui pas de déclin et pas de défaillance ;
Le Dieu que je conçois n'est pas un dieu mortel :
Il s'appelle Infini, son âge est éternel. —
Etroit contradicteur, que vous êtes crédule !
Le Sage a décidé. N'est-ce pas ridicule
De vouloir l'empêcher de tisser un linceul
A son dieu qui n'aura de repos qu'au cercueil ?
Mais un autre docteur, du nom d'Anaximène,
Pas plus gêné que l'air qui dilate sa veine,
Fabrique avec cet air un être monstrueux,
Immortel, infini, qui remplit terre et cieux.
L'infinité répugne à l'être qui commence ;

La raison entrevoit pour lui la décadence,
Affirmant aux savants que des dieux nés d'éther
Au premier coup de vent disparaîtront en l'air.
Découvrez-vous, voici le grand Anaxagore.
Il a vu le soleil et contemplé l'aurore ;
Il est émerveillé, va prouver clair et net
Que pour un tel ouvrage il faut un Dieu parfait.
Mais, regardez, déjà le Sophiste trébuche,
Oui, le palais est beau, magnifique est la ruche !
Pourtant qui concevra qu'un Infini sans corps
Peut devenir l'auteur de si divins accords ?
Alors donc, écoutez, il adjure, il proteste,
Craint l'affirmation bien plus que nous la peste,
Retourne à son chantier, le génie en fureur
D'avoir failli sortir de sa grossière erreur.
Ainsi, pauvre raison, oh ! que pour toi c'est triste !
Ton rôle est assigné ; nous savons qu'il consiste
A causer le tourment de plus doctes que nous
Qui voyons par la foi sans nous mettre en courroux.
Rangez-vous, s'il vous plaît ; place au Crotoniate.
Il a vu, celui-ci, de cette terre plate,
Mille dieux s'agiter à l'entour du Soleil ;
Le spectacle est immense, à nul autre pareil ;
Et la lune inconstante, et le soleil lui-même,
Vont devenir l'objet de son culte suprême.
Vers ces astres errants faisant monter ses vœux,
Il affirme aux nigauds qu'ils sont autant de dieux ;

Et, pour plus allonger cette céleste chaîne,
Il met au premier rang l'âme d'Anaximène.
Pour Pythagore, Dieu se nomme le grand Tout,
Le Dieu de père Havin et de maître Guérout ;
Dieu somnolent de l'Inde et des pouilleux Brahmanes,
Qui court de branche en branche avec les quadrumanes ;
Qui grogne à tout instant dans l'auge du cochon
Et se blotit de peur dans l'âme du poltron.
C'est ce dieu réchauffé qu'on remet en usage,
Qu'on enferme au buffet, qu'on faufile au potage ;
Qui gémit de douleur chez le peuple oppressé,
Extravague partout où tombe un insensé.
Admirez donc, ami, des sages le système :
Voilà de leurs erreurs jusqu'où monte la crème !
Aurait-on jamais cru que, de nos jours, des sots
Auraient soufflé le feu sous de pareils fagots ?
Fouillez, si vous voulez, les cartons d'Aristote
Et les vieux parchemins du conteur Hérodote ;
Examinez de près Socrate et Xénophon ;
Surtout ne baillez pas en consultant Zénon,
Ou si l'ennui vous prend, appelez Démocrite ;
Si vous aimez pleurer, courez vers Héraclite :
Ces sages, ces docteurs, insignes charlatans,
Vous apparaîtront tous rois des extravagants,
Tous atteints de folie en cet endroit suprême
Où tout est dieu pour eux, excepté Dieu lui-même !
Et nous allons, dit-on, de succès en succès !

2.

Enfants de la vapeur, nous volons au progrès !
On le dit, on le croit. Les penseurs de notre âge
Exhument cependant des Grecs le radotage.
Si les mots sont changés, oh! le fond ne l'est pas !
Des dieux naissent partout où naît leur vain fatras ;
Et Zénon, revenant une heure sur la terre,
En plus d'un des docteurs embrasserait un frère.
Et ceux-ci lui diraient : « Eh bien ! vois-tu, bon vieux.
« Comment s'use le temps a rajuster tes dieux ! »
Un coq ! ils le tueraient en l'honneur d'Esculape
Et mourraient de plaisir sur l'autel de Priape ;
Comme jadis faisait le chaste Cicéron,
Ils s'amouracheraient du blond petit garçon.

Ah ! mais voyez encore où leur génie abonde.
Ils ne se vantent pas d'avoir créé le monde,
Car vraiment ce serait trop se moquer de nous
Et par là s'exposer à tomber sous nos coups.
Voici des tourbillons, voici de fins atômes
Qui, je ne sais comment, vont devenir des hommes,
Terre pour les porter, jardins semés de fleurs,
Etangs pour les poissons, antres pour les voleurs,
Doux nids pour les oiseaux, air pur pour leur ramage,
Gîte assuré pour l'ours et cabinet du sage.
Plaignez-vous maintenant et reconnaissez là
Que si vous murmurez, vous entendrez : « holà ! »
Certes, ils n'étaient pas enfants de la paresse
Ces fameux tourbillons que vit tomber Lucrèce.

Mais Dieu ! vous demandez ce qu'il fait, s'il est mort.
C'est un mot qui n'est plus quand l'esquif est au port.
Ne savez-vous donc pas que c'est la peur affreuse
Qui nous valut des dieux l'origine odieuse ?
Donc ne recherchons plus le nom d'un Créateur ;
Saluons le hasard, de tout il est l'auteur.
Je vois, vous trépignez, la raison vous oppresse
Et ne peut supporter le hasard de Lucrèce ;
Quelque chose lui dit qu'en tout temps, qu'en tout lieu,
Pour expliquer le monde, il faut, il faut un Dieu.
Fi donc ! votre raison... le sage, sous son porche,
S'en moque à plein gosier, et s'en mouche et s'en torche.
De ce vaste univers, aujourd'hui suranné,
Vous êtes, dit un autre, un beau fruit spontané.
Vous avez, ignorant, poussé comme la rose :
Un jour, vous n'étiez rien, vous fûtes quelque chose,
Champignon dans les bois, lion dans le désert,
Admis chez les oiseaux, volant à ciel ouvert,
Brayant un beau matin par la bouche de l'âne,
Et, le nez s'allongeant, devenu quadrumane,
On vous vit, accroupi dans le tronc des ormeaux,
Filer de branche en branche au sommet des bouleaux.
Que sais-je ? gambader dans l'oranger peut-être,
Et croquer en toussant le velu fruit du hêtre.
De progrès en progrès, de soleil en soleil,
Arriva le printemps, brilla le grand réveil :
Vous poussâtes un cri, c'était une parole,

Chez vous les animaux vinrent tous à l'école.
O glorieux mortel ! voilà, voilà comment
Vous avez cessé d'être un fauve orang-outang !
Voilà comment aussi, tous autant que nous sommes,
Lentement transformés, nous nous croyons des hommes ;
Pour tout dire en deux mots, comment, coups après coups,
Nous sommes des tuyaux percés par les deux bouts.
Applaudissons des mains cette philosophie
Qui nous fait champignons au matin de la vie.
Vous riez ? n'est-ce pas ? et, moi, je ris aussi
D'avoir à raconter un rêve si moisi.
Que voulez-vous ? il faut exposer la doctrine
Qui nous assigne à tous une telle origine,
Et ne point reculer devant les beuglements
Dont vont nous étourdir nos augustes savants.
En attendant, je veux traîner aux gémonies
Tous ces vains clabaudeurs et leurs théogonies ;
En silence adorer Dieu, mon saint Créateur,
Lui vouer mon amour, lui consacrer mon cœur.
Car jamais leurs efforts n'effaceront l'image
Qu'imprima sur mon front l'Être infiniment sage.
Cette morgue, ce ton si tranchant et si fier,
Pour qui sait voir au fond, c'est crainte de l'enfer.
Leurs plans sont trop connus, le sot seul les ignore ;
Le vrai chrétien les plaint, l'homme droit les abhorre.
Quiconque contre Dieu dégorge tant de fiel,
Oh ! le bannirait bien, s'il le pouvait, du ciel !

Nous reconnaissent-ils une divine flamme,
Un esprit immortel que nous nommons une âme ?
Inutile, avec eux, de redouter la mort.
Voguez, voguez en paix, la brise souffle au port.
En tout cas, attendez le destin de vos bêtes ;
Vivez dans les plaisirs, dans l'orgie et les fêtes.
Vive, vive Bacchus ! il faut se divertir :
Les jours vous sont donnés pour aimer et jouir.
En vain le nieraient-ils, leur fatras le proclame,
Avec tout leur grand bruit, ils ne font rien de l'âme.
Entés sur le phébus, montés sur le pathos,
Leurs discours bien pressés ne rendent que des mots.
Le néant fait le fond de leur philosophie ;
La contradiction, c'est leur théogonie.
Il ne faut qu'un instant à qui n'est pas un sot
Pour de suite saisir qu'ils n'ont point de credo.
Enfarinés qu'ils sont de dogmes délétères,
Ils crachent sans façon sur nos plus saints mystères,
Et, leurrant à plaisir la pauvre humanité,
Sacrifient corps et âme à l'excentricité.
Vous parlez de la mort et de ses grandes suites ?
Allons donc, croyez-vous qu'ils craignent ses poursuites ?
La mort, pour le Sophiste, est chose d'un instant ;
D'un pied ferme il attend la Fille du néant,
Heureux et satisfait de savoir que la vie,
D'un éternel sommeil est à jamais suivie.
Mais, si vous aimez mieux, son esprit envolé,

Dans de célestes corps, ira, renouvelé,
Soudain se réveiller au bruit joyeux des noces.
Que contracte Zéphire avec les blondes roses.
Beaucoup de ces défunts, grands vizirs du Soleil,
Prétendent que son front n'est plus assez vermeil,
Qu'il faudrait réformer le roi de la lumière
Et le faire sortir de sa trop vielle ornière.
Réformer le Soleil ! oui; son sérail aussi ;
Aux étoiles donner du velours cramoisi.
Ainsi, comme ici-bas, là-haut l'âme du sage,
Pour métamorphoser, peste encor de rage.
O badaud ! je croyais que l'or, à flots pressés,
Empêchait d'aboyer ces fauves trépassés !
Connu donc, nous savons leur demeure future.
Le néant, pour les uns, sort de la créature,
Avenir répugnant qu'ils daignent accorder
A quiconque, comme eux, sait bien dévergonder :
Doctrine lamentable, avocate du crime,
Que Satan leur souffla du fond du noir abîme.
Pour d'autres, je ne sais quelles migrations
Des âmes dans des corps d'ânes et de dindons,
Dans des astres éteints, dans le soleil, la lune,
Dans les fous de Turin et les flots de la dune.
Ami, voilà pourtant, voilà ce qu'on écrit ;
De nos penseurs voilà la débauche d'esprit.
Redisons que ce sont des hommes de lumière,
Artisans du Progrès, sans crotte ni poussière,

Valeureux Prométhés, foulant déjà les cieux,
Ne tenant que d'un doigt le tonnerre des dieux.
O pure vérité ! mais c'est de la faconde !
Mais c'est extravaguer, c'est insulter le monde !
Oui, j'aime mieux cent fois vivre avec les Hurons.
Que d'être abasourdi par de tels polissons.
Les Hurons, dans leurs bois, adorent le grand Être ;
Leur soif de sang s'apaise au seul aspect d'un prêtre ;
Leur âme s'assouplit au contact de la Croix
Et devine très-bien qui pendit à ce bois...
Et ne voilà-t-il pas qu'en pays d'Evangiles,
. Tous les jours assaillis par des groupes imbéciles,
Nous en sommes venus à désirer le sort
De ces Hurons assis à l'ombre de la mort !

LE VENDREDI-SAINT.

—

ODE.

—

Expiravit.

MARC.

Le Christ vient de mourir ! Le Saint des Saints soupire ;
Le temple est ébranlé, son voile se déchire
Et la foudre partout éclate dans les cieux.
Les rochers d'Israël, fendus par le tonnerre,
Roulent avec fracas et noircissent la terre
  De leurs débris affreux.

Le Christ vient de mourir ! Le soleil se retire,
En faveur de son Dieu chaque élément conspire :
Le jour est remplacé par une vaste nuit.
Les étoiles en deuil et la nature entière
Annoncent le trépas du Roi de la lumière.
  En coups du ciel écrit.

Le Christ vient de mourir ! La terre, en défaillance,
Tremble comme quelqu'un qu'agite la souffrance,
Et n'a plus de repos sur ses vieux fondements ;
Et les morts secoués, réveillés de surprise,
Se lèvent, lorsque tout à l'entour d'eux se brise,
   De leurs froids monuments.

Le Christ vient de mourir! C'est Dieu! tout le proclame.
Son amour l'a perdu, son amour de mon âme.
Sans sa mort cependant, enchaîné dans mes fers,
Je serais demeuré sans secours et sans grâce,
Ne laissant après moi qu'une coupable trace
   Conduisant aux enfers.

Le Christ vient de mourir! Ma grâce est obtenue ;
Pour voir la vérité son sang me rend la vue
Et ressuscite en moi la flamme de l'amour.
Abreuvé que je suis à la source de vie,
Je dis qu'encor pécher est insigne folie
   Au terrestre séjour.

Le Christ vient de mourir ! Le péché que j'abhorre,
A débordé partout, domine et vit encore ;
Mais, pourtant, il nous faut l'attacher au Saint-Bois.
A l'aspect de Dieu mort, cessons, cessons de nuire ;
Pour venger son trépas que tout chrétien respire
   Et s'arme de la Croix.

Le Christ vient de mourir ! Éclatante justice !
Rompons avec l'orgueil, honnissons l'avarice,
Les deniers de Judas et ses cruels complots.
Ah ! plaignons Ève, Adam et les Israélites,
Les enfants de Jacob et les Madianites,
     Avec nous ses bourreaux.

Le Christ vient de mourir ! Honte, anathème au lâche
Qui faiblira devant son devoir et sa tâche,
Et n'aura pour Jésus qu'un cœur indifférent !
Anathème trois fois, anathème à cet autre
Qui ne s'écrira pas avec le grand Apôtre :
     — Croix, je suis ton amant ! —

Le Christ vient de mourir ! Je veux graver d'avance
Au front de mon tombeau la céleste espérance.
Passager d'un jour, soit, je crois à l'avenir.
La mort n'est pas un mal, ce n'est pas un naufrage ;
Pour le frère du Christ c'est tourner une page,
     Vivre et ne plus mourir !

LA RÉSURRECTION.

—

—

Au bon **M. VITASSE**, curé d'Ovillers.

Resurrexit.

Quel jour, grand Dieu, sur les collines !
Quels rayons vainqueurs ici-bas !
Voyez, mes yeux, voyez le Lion de Juda,
Couronné de splendeurs divines,
Fouler sous sa Croix le trépas.

Il est rescuscité ! Victoire !
Applaudissons en ce saint jour.
L'invincible Michel, dans la céleste cour,
A commandé des chants de gloire,
Des chants de triomphe et d'amour.

Assez de pleurs et de ténèbres,
Assez de longs gémissements !
Autour du Golgotha plus de spectres funèbres
Enveloppés de linceuls blancs.

Levez les yeux, levez encore,
Et contemplez votre Seigneur !
Il marche plus brillant que la brillante aurore,
En éternel triomphateur.

Immolons, ô chrétiens, immolons des louanges
Au Christ sorti vainqueur du glorieux tombeau ;
Pour dignement chanter notre immortel Agneau,
Empruntons les cinnors et les harpes des anges.
Ses pas sont ravissants, son étendard est beau !
Autour de lui sourit la divine espérance.
C'est un jour qui n'aura jamais, jamais de nuit,
Mon Dieu ! dans ce chemin où mon œil vous poursuit
Et qu'illustre votre présence.

Jadis nous avons vu, dans un affreux transport,
Du fond du noir enfer d'où tout crime s'élance,
Calculant son pouvoir, mesurant la distance,

Nous avons vu sortir la menaçante Mort :
De la terre ses pieds avaient touché le bord.
Et son glaive levé flamboyait sur nos têtes !
Des bruits et des horreurs, des cris et des tempêtes
Grondaient dans Israël ; le monstre, en son abord,
  Essayait d'étrangler la vie
Dans un prodigieux, un infernal cartel :
  La Mort, fille de l'Envie,
  Tomba sous le Fils du ciel.

A Jésus, triomphe, victoire,
Et sur la terre et dans les cieux !
Au Christ vivant honneur et gloire
Dans tous les temps, dans tous les lieux ?
Durant ces heures solennelles,
Chérubins, déployez vos ailes ;
Terre, réveille tes échos !
Chrétiens, sous les sacrés portiques
Entonnons hymnes et cantiques
Au Libérateur de nos maux.

Non, non, Jésus n'est plus sous terre ;
Plus de gardiens pour le fouler !
Plus de corps sous la froide pierre

Que lui seul a pu soulever.
Demandez à ce beau jeune homme
Comment notre Jésus se nomme ;
Il dira dans son saint transport,
A vous comme hier à Marie,
L'âme de tristesse assaillie :
Son nom, c'est vainqueur de la mort !

En vain, ô Scrutateur, tu perfores, tu fouilles,
    Pour retrouver son divin corps :
Il est ressuscité, libre parmi les morts,
Emportant avec lui leurs anciennes dépouilles...
En vain, ô Scrutateur, tu perfores, tu fouilles
    Pour retrouver son divin corps.

La terre où le Lion réside
Donne le lait et le doux miel :
Là, les Hébreux avaient pour guide
Moïse, interprète du ciel.
Il a suivi la blanche allée
Qui d'ici mène en Galilée ;
Il a conservé sur son front
De tes coups affreux les stigmates,

Et le parfum des aromates
Que ne peut sentir le Démon.

Le Lion se joue
Et se rit de toi,
Le Démon secoue
Son trident d'effroi ;
Tombé dans la boue,
.   Il n'est plus mon roi.
Un signe de bête
Ceint, noircit sa tête
D'un brûlant rayon :
La Croix le déchire,
Contre lui conspire ;
J'entends qu'il soupire,
Qu'on dit qu'il expire
De rage à son nom.

O Croix ! pour te louer, à tes pieds, dis, qui suis-je ?
Frère du Christ ressuscité,
Héritier de l'éternité,
Pauvre pécheur, maintenant racheté ;
De ton amour vivant prodige
Et miracle de ta bonté !

✠

Vil esclave, à tes pieds mon néant te dévore ;
Ma poussière, aux abois, en rougissant t'adore
Et t'envoie un hymne d'amour.
Ah ! ne dédaigne pas le captif qui t'honore ;
Laisse, laisse monter son âme qui t'implore,
Sous ton aile, au divin séjour.

LA FEUILLE QUI TOMBE.

Breves dies hominis sunt.
JOB.

Tombe, tombe, feuille jaunie,
Tombe sous l'haleine des vents,
Au champ des morts, dans la prairie,
Partout où passent les vivants.
Car dans tes veines plus de sève,
Tu n'es plus abri pour le rêve
De l'émondeur dans les forêts ;
Et pour la tendre tourterelle,
Et pour la légère gazelle
Tu n'es plus umbraculum frais.

Tombe, tombe, feuille jaunie,
Tombe sous l'haleine des vents,
Au champs des morts, dans la prairie,
Partout où passent les vivants.

3

Ta chûte, à qui sait bien entendre,
Donne à penser, donne à comprendre
Qu'ici-bas tout a sa saison :
Le cèdre, au sommet des montagnes;
Les jeux, les ris dans les campagnes,
Et le glaneur dans la moisson.

Tombe, tombe, feuille jaunie,
Tombe sous l'haleine des vents,
Au champ des morts, dans la prairie,
Partout où passent les vivants.
Jadis on vantait ton ombrage
Plein d'amour et plein de ramage.
Quoi ! feuille, tu n'es déjà plus !
Soignons, admirons notre vie ;
Elle est souvent d'un coup ravie.
Et tous nos soins sont superflus !

Tombe, ma feuille, ma chérie !
Tombe, vierge du vert printemps,
Au champ des morts, dans la prairie,
Partout où passent les vivants.
Ainsi sont tombés bien des hommes
Sur la pauvre terre où nous sommes,
Flétris avant d'avoir vécu ;
Cueillis et moissonnés sans nombre ;

Tristes, languissants comme l'ombre
D'un cyprès qu'un ver a mordu.

Tombe, tombe, feuille jaunie,
Tombe sous l'haleine des vents,
Au champ des morts, dans la prairie,
Partout où passent les vivants.
Va, feuille, va, tout n'est qu'écume,
Déception, longue amertume !
Je n'ignore point ton chemin...
Ton chemin ! n'est-ce pas le vide ?
Et le vent n'est-il pas ton guide ?
Toi, le tapis du pèlerin ?

Tombe, tombe, feuille jaunie,
Tombe sous l'haleine des vents,
Au champ des morts, dans la prairie,
Partout où passent les vivants.
Réchauffe l'indigent qui pleure,
Sans pain ni feu dans sa demeure.
A l'oiseau tu servais de nid ;
Verte, tu cachais la fauvette ;
Morte, tu deviens la couchette
De la veuve dans son réduit.

Tombe, tombe, feuille jaunie,
Tombe sous l'haleine des vents,

Au champ des morts, dans la prairie,
Partout où passent les vivants.
L'oiseau, qui chantait, te regrette,
Et la lune sur toi projète
Un rayon tout empli de deuil.
Ta triste chûte à tous annonce,
Ton mourant tourbillon prononce
Qu'encore un pas c'est le cercueil !

Tombe, tombe, feuille jaunie,
Tombe sous l'haleine des vents,
Au champ des morts, dans la prairie,
Partout où passent les vivants.
Feuille, je connais plus d'un père
Qui, dans l'abandon, la misère,
Vient de laisser ses chers enfants !
La feuille à la feuille succède,
Et l'une de l'autre procède
Au fécond retour du printemps.

Tombe, tombe, feuille jaunie,
Tombe sous l'haleine des vents,
Au champ des morts, dans la prairie,
Partout où passent les vivants.
Nos jeux, nos plaisirs sont du sable ;
Le monde est vain et misérable ;
Ta cendre couvrira nos pleurs.

A côté des apothéoses,
Le lendemain des lys, des roses,
On entend la voix des douleurs.

Tombe, tombe, feuille jaunie,
Tombe sous l'haleine des vents,
Au champ des morts, dans la prairie,
Partout où passent les vivants.
Va, fais sentir au prince, au maître,
Qu'il leur faudra comme le hêtre,
Bon gré mal gré se dépouiller;
Que cette loi de la nature,
Pour eux comme pour la roture,
En aucun cas ne peut plier.

Tombe, tombe, feuille jaunie,
Tombe sous l'haleine des vents,
Au champ des morts, dans la prairie,
Partout où passent les vivants.
Ta descente mélancolique,
Qui la voit aussitôt s'applique
A ne pas se croire puissant.
Car, fille du cèdre ou du chêne,
Pour te détacher à Vincenne
Que faut-il ? l'haleine du vent !

Tombe, tombe, feuille jaunie,
Tombe sous l'haleine des vents,

Au champ des morts, dans la prairie,
Partout où passent les vivants.
L'homme comme la feuille passe,
Et goutte à goutte il trépasse
Sans savoir de rien le comment;
Mais la Foi, la douce espérance,
Disent qu'en tombant il s'élance
Dans le repos du Dieu vivant.

LA FEUILLE QUI RENAIT.

ODE.

A l'excellent M. VITTE, instituteur à Belleuse.

> Flores apparuerunt in terrà nostra,
> Tempus putationis advenit :
> Vox turturis audita est.
>
> *Cantique des Cantiques.*

Vastes cieux, vivante nature
Qu'on ne doit nommer qu'à genoux ;
Bois feuillés, golfes de verdure,
Dites, pourquoi fleurissez-vous ?
Votre éclat, c'est Dieu qui l'ordonne,
Pourtant il m'émeut et m'étonne :
Le soleil lance des feux d'or
Dans le vallon, sur la colline,
Et le bouvreuil, dans l'aubépine,
Couve son nid, son doux trésor.

La feuille sur l'arbre tressaille,
Pavillon vert du fruit naissant :
La vigne contre la muraille

Allonge son cep caressant,
Et l'hirondelle, au noir corsage,
Saisit l'insecte en son passage,
Plus rapide que n'est le vent ;
Et l'étourneau sur la tourelle,
Gazouille, siffle, bat de l'aile,
Sans du tout craindre l'engoulvent.

Les airs sont remplis d'aromates ;
Les fleurs distillent le blond miel ;
Le pin pleure par ses stigmates
Sous la chaude haleine du ciel.
Partout, partout, divines roses,
Tulipes fraîchement écloses,
Lys aux chastes bords entr'ouverts ;
Près du tombeau la pulmonaire,
Au coin des bois la scrofulaire
Et dans les champs des épis verts.

Aussitôt que l'angelus sonne,
Que le soleil sème le jour,
On entend l'essaim qui bourdonne
Dans tous les saules d'alentour.
Ah! laissons butiner l'abeille,
Laissons-la déployer son aile
Sur les fleurs et leur pur nectar :
Elle pompe en d'étroits calices

La liqueur qui fait nos délices;
Demain soir il serait trop tard.

J'entends la brune tourterelle
Gémir au fond de la forêt;
On me dit qu'une main cruelle
A pris son amant au filet.
Méchante main, enfant barbare,
Ah ! de la fidélité rare,
Délivre le type vivant !
A la tourterelle si douce,
A cette si constante épouse
Rend ton captif, son tendre amant.

Mes pas pressés sur la colline
M'emportent dans l'ombreux vallon :
D'un bond je franchis la ravine
Et me voilà dans le sillon.
Le laboureur, noir de poussière,
Féconde de son grain l'ornière
Qu'il vient d'aligner en chantant.
Je le regarde jeter en terre
Ce qui deviendra son salaire
Et le pain blanc de son enfant.

Mais qui là, fixé dans sa course,
Majestueux comme un palmier,

Un homme boit à pleine source
L'onde qui jaillit sous son figuier.
Ainsi, Seigneur, ta main divine
Sur l'âme du juste s'incline,
Verse la bénédiction
Sur ses champs et sur sa fontaine,
A ses brebis donne la laine
Et le bonheur à sa maison.

Et je le vois prêter l'oreille
Aux sons du barde de la nuit ;
Le rossignol sait à merveille
Qu'un émule tout bas le suit.
Aussi quel drame plein de vie,
Quels flots palpitants d'harmonie
Tombent cadencés du gosier
Du troubadour de la campagne !
J'entends que ta voix l'accompagne
En lui disant, — Sois le premier ! —

Console-toi, ta voix vaincue
Par cet Homère du printemps,
Est sans égale en étendue
Dans mon église, dans nos champs.
De mes larmes, lorsqu'elle vibre,
Elle sait exciter la fibre,
Car tu la tires d'un cœur d'or :

Et toujours, comme Philomèle,
De chastes accents coulent d'elle
Comme de source, sans effort.

VISION D'UN PROPHÈTE.

—

Visio Isaiæ filii Amos, quam vidit
super Judam et Jerusalem.

ISAIE.

Q'entends-je? qu'ai-je vu? parle aux enfants des hommes,
Prophète! que vois-tu sur la terre où nous sommes ?
Parle, nous t'écoutons, ô brûlant fils d'Amos !
— Tu veux, je parlerai, le frisson dans mes os,
A tes enfants, à toi. Que la terre m'écoute,
Que le ciel stupéfait gémisse sous sa voûte.

     « Des enfants que je croyais bons,
» Sortis de mon amour, créés à mon image,
» De mes puissantes mains le plus parfait ouvrage,
     » Nourris, engraissés de mes dons,
» Ont jeté le mépris sur ma sollicitude,
» Ont saturé mon cœur d'ennui, d'ingratitude ! »

— Voilà la plainte du Seigneur !
Terre et ciel frémissez d'horreur ! —

✠

Le bœuf, sous son joug de hêtre,
Reconnaît l'homme son maître,
Et l'âne lève le front
Vers le valet qui lui donne
Un peu de foin, un chardon,
Ou lui fait la vile aumône
D'une étable à l'abandon !
Peuple sans intelligence,
Enfants sans reconnaissance,
Apprenez de l'animal
A bénir la Providence ;
Sâchez que l'ours, le cheval,
L'éléphant et le chacal,
Et l'oiseau qui se balance,
Sont comme dans la souffrance
Quand l'homme se livre au mal.

✠

Je vois monter, monter la flamme.
Malheur, Rachel, trois fois malheur !
Le courroux a saisi son âme...

Voix formidable du Seigneur :
« Non, plus de repos plus de trève ;
» Du fourreau j'ai tiré mon glaive ;
» Le feu dévore les cités
» Et le glaive tranche les têtes.
» Partout horreurs, partout tempêtes,
» Partout peuples épouvantés !

✠

L'étranger a foulé la terre des prophètes :
Il brise ses enfants, il égorge ses bêtes.
Que de torrents de sang ! que de pleurs dans Sion !
Le droit de l'ennemi c'est le droit au ravage ;
Les maisons, les palais sont livrés au pillage
      Jusqu'au temple de Salomon.

✠

Pourquoi, pourquoi faut-il que ma bouche te nomme,
En ces jours de rigueur, ô ville de Sodome !
      Ils virent de si près ton sort,
Qu'encor un peu, brûlés par la foudre suprême,
Il ne serait resté d'eux, comme de toi-même,
      Qu'un éternel signe de mort.

Dieu ne veut plus de chants sublimes,
Plus de prêtres au premier rang ;
Plus de taureaux, plus de victimes,
Plus d'autel rougi de sang.
Gardez pour d'autres vos génisses,
Vos fêtes et vos sacrifices,
Vos gras béliers et vos agneaux.
Dieu hait vos vœux et vos prières,
Le temple enflammé de lumières
Et l'offrande de vos troupeaux !

LA CROIX

LOT DE TOUT HOMME.

Stat crux dum volvitur orbis.

...

Bois du chrétien
Tu fais sans cesse
Mon doux soutien
Dans ma faiblesse ;
En vain un monde impie et l'enfer irrité
Dès mes plus tendres ans s'efforcent de me nuire,
Par ses piéges en vain Satan veut me conduire
Loin des sentiers du ciel et de la vérité ;
Je te regarde
D'un œil d'amour,
Et sous ta garde,
Pendant le jour,
Hors de l'atteinte
De leur fureur,
Je vis sans crainte
Dans la ferveur.
Quand la lumière
Du jour qui fuit
A fait sur terre
Place à la nuit ;
Quand la fatigue et le silence
Invitent nos sens au repos,
Invoquant la toute puissance
Qui sait des fiers démons déjouer les complots,
Je m'endors rassuré par ta sainte présence
Et le matin encor ton signe précieux
Est le premier objet que demandent mes yeux.

Amiens. — Typ. Alfred CARON fils, rue de Béa...

www.ingramcontent.com/pod-product-compliance
Lightning Source LLC
Chambersburg PA
CBHW071342030726
47594CB00002B/720